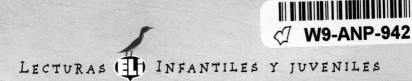

W9-ANP-942

Paloma Bellini

# El pasaje secreto

Ilustraciones de Luigi Raffaelli

Simón está en su dormitorio, superemocionado; para él es un día especial. Acaba de conseguir el récord de puntos en su vídeo juego preferido, ¡SpaceAnimals! No quiere salir de su habitación, sobre todo después de haber conseguido un récord tan importante.

¡Hacía meses que lo estaba intentando!

De repente, sus padres entran en la habitación.

–¡Venga, prepara las maletas! ¡Mañana, finalmente nos vamos a la sierra!, –dice su madre.

–¿Qué? ¿Pero por qué? ¡No tengo ganas de ir a la sierra! Me aburro y no conozco a nadie!

–Un poco de aire puro te sentará bien –dice su padre. –Estás siempre encerrado aquí dentro.

–¡Me aburriré como una ostra! –empieza a quejarse Simón.

–¿Pero qué estoy haciendo aquí? –piensa Simón–.
¡En este pueblecito ni siquera hay Internet! ¡Aquí
solo hay nieve y hace frío! ¡Y yo sin mi ordenador!
¡Es para volverse loco!

De verdad hace mucho frío: hace un viento helado
y nieva mucho. No hay ni un alma por la calle.
Simón está enfadado y triste.

Simón no se da cuenta de que dos chicos, escondidos detrás de un árbol, le están mirando con curiosidad.

–Ese chico me parece que está un poco triste... –dice el muchacho con el jersey verde.

–He oído que viene de una gran ciudad. Se llama Simón y llegó ayer a nuestro albergue con sus padres.

–Se aburre como una ostra –añade la chica.

–¿Qué te parece Cristina..., le decimos que venga con nosotros? –le pregunta el chico.

–¡Me parece una idea genial, Arturo! ¡Ahora le llamo! –dice Cristina.

Cristina llama a Simón: –¡Oye Simón! ¡No te metas tú solo en el bosque!

Simón se para y ve a los dos chicos. Está de muy mal humor y no tienes ganas de hablar con nadie.

—¿Y por qué no puedo adentrarme en el bosque? –pregunta un poco enfadado.

—Porque hay animales muy peligrosos –contesta Cristina riéndose.

—¿Qué?

—¡Que está lleno de animales feroces, poco sociables y además se enfadan con gran facilidad si alguien los molesta!

Si no quieres tener problemas, tienes que pasar por el pasaje secreto.

—¡No me tomes el pelo! –grita Simón enfadado.

–¿No te lo crees? ¡Pues si quieres quédate aquí y sigue haciendo tu muñeco de nieve! ¡Nosotros mañana iremos al pasaje secreto! –le dice Cristina y después se va.

Pero Simón se lo piensa mejor y la sujeta por un brazo.

–¡Oye, párate por favor! Mañana voy yo también con vosotros, de todas formas aquí no estoy haciendo nada.

Al día siguiente, Simón, Cristina y Arturo quedan en el bosque. Con ellos va también el veterinario del pueblo, el Doctor García.

–¿Pero aquí está siempre nevando? –se queja Simón.

–¡Sí y tú, ¿estás siempre quejándote? –le pregunta Arturo.

–Ya hemos llegado, chicos. Primero entro yo –les interrumpe el Doctor García y entra por un gran agujero en el tronco de un árbol.

–¡¿Ese es el pasaje secreto?! –pregunta Simón algo desilusionado –¡Pero si es sólo un agujero en un tronco!

–¡Ya está bien, ahora silencio por favor. Entra y... ten cuidado con dónde pones los pies! –le dice Arturo.

Debajo del árbol se abre un túnel. Simón no se lo puede creer, está sorprendido.

–¡Pero... es increíble! ¡Hay de verdad un pasaje secreto! ¡Y estas son las raíces de todos los árboles del bosque! –exclama.

–En realidad es la galería de una antigua mina –le explica el Doctor García–. Hoy está abandonada y pocas personas la conocen. La madriguera está al final de la galería.

–¿Pero qué animal es? –pregunta Simón cada vez más curioso.

–¡Ya lo verás... –le contesta el Doctor García–. ¡Cuidado ahora! ¡Empieza la bajada!

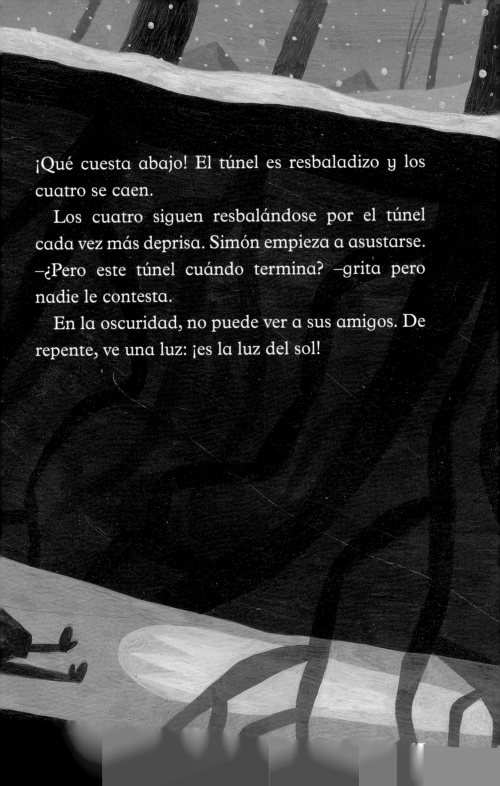

¡Qué cuesta abajo! El túnel es resbaladizo y los cuatro se caen.

Los cuatro siguen resbalándose por el túnel cada vez más deprisa. Simón empieza a asustarse.
–¿Pero este túnel cuándo termina? –grita pero nadie le contesta.

En la oscuridad, no puede ver a sus amigos. De repente, ve una luz: ¡es la luz del sol!

En un segundo, Simón se encuentra otra vez al aire libre, está fuera.

Se da la vuelta y ve un agujero en otro árbol, parecido al otro por el que había entrado.

–¡Qué chachi, cómo mola...! ¡Es genial este pasaje secreto! –exclama.

Pero sigue sin contestar nadie. Sus amigos no están. Simón está solo.

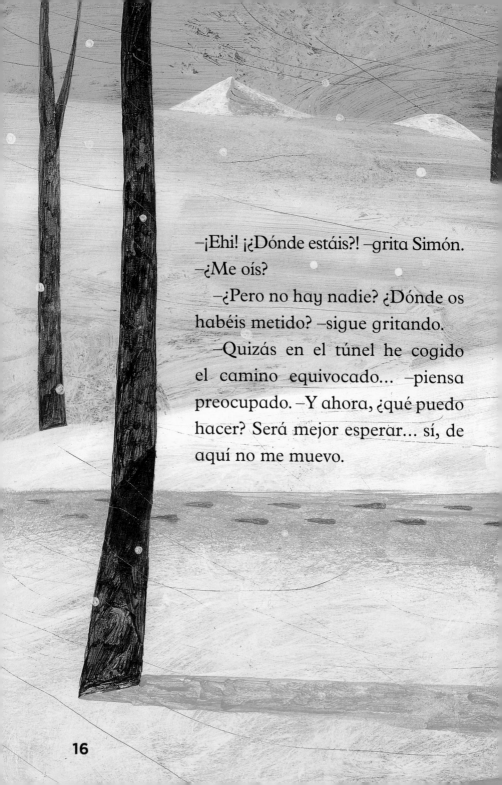

–¡Ehi! ¡¿Dónde estáis?! –grita Simón.
–¿Me oís?

–¿Pero no hay nadie? ¿Dónde os habéis metido? –sigue gritando.

–Quizás en el túnel he cogido el camino equivocado... –piensa preocupado. –Y ahora, ¿qué puedo hacer? Será mejor esperar... sí, de aquí no me muevo.

Simón espera unos minutos, pero hace demasiado frío para estar quieto. Empieza a andar por el bosque. A lo lejos ve el tejado del albergue.

De repende oye un ruido...

–¡Son ellos! –piensa.

Se da la vuelta y ve... ¡un cervatillo! El cervatillo le mira y se acerca. Parece tranquilo y además también parece que se fía de él.

–¡Un cervatillo! ¡Es increíble! –susurra Simón sorprendido.

Con algo de temor, el chico se acerca al animalito. No se mueve y está tranquilo.

–¡A lo mejor consigo acariciarlo! –piensa Simón.

Se acerca cada vez más y acaricia al cervatillo, ve que está quieto. Simón siente que su corazón late cada vez más fuerte: ¡jamás había sentido una emoción tan grande!

¡Oye pasos...! De repente, entre los árboles del bosque, aparecen sus amigos y también el Doctor García. Simón se ha quedado mudo, no consigue decir ni pío, es la emoción ante un animal tan bello. Y sus amigos le miran perplejos. Pero en realidad Simón no ha entendido una cosa muy importante.

No se ha dado cuenta de que el animal tiene una pata herida. Sus amigos se acercan sin hacer ruido y el doctor García se arrodilla cerca del cervatillo.

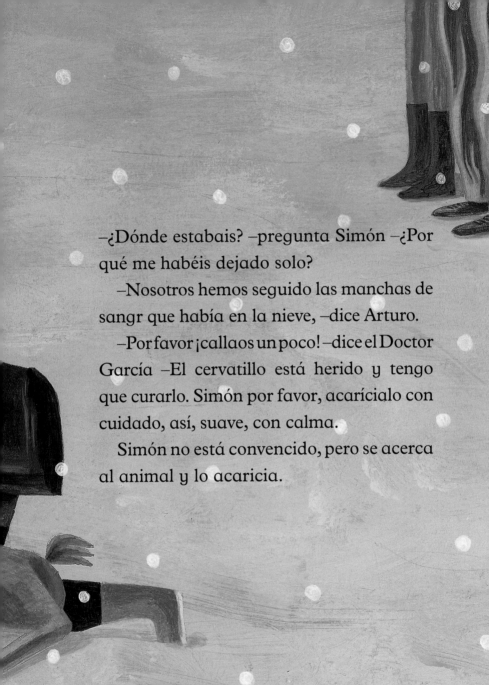

—¿Dónde estabais? –pregunta Simón –¿Por qué me habéis dejado solo?

—Nosotros hemos seguido las manchas de sangr que había en la nieve, –dice Arturo.

—Por favor ¡callaos un poco! –dice el Doctor García –El cervatillo está herido y tengo que curarlo. Simón por favor, acarícialo con cuidado, así, suave, con calma.

Simón no está convencido, pero se acerca al animal y lo acaricia.

El Doctor García termina de curar la pata herida del cervatillo. Ahora el animal ya puede caminar, está mejor y se va corriendo. Simón y sus amigos ven cómo se aleja en el bosque.

–Había visto sangre cerca del pasaje secreto y estaba preocupado: menos mal que hemos venido –dice el Doctor García.

–¡Nunca había visto un animal tan bonito! –dice Simón.

–¡Sí, es de verdad muy lindo! –suspira el Doctor García– y nosotros tenemos que hacer todo lo que podamos para proteger a los animales de todos los peligros y sobre todo de los cazadores.

¡Qué maravillosa aventura! ¡Simón y sus amigos están emocionados y satisfechos! Cristina empieza bailar y coge las manos de sus amigos para que la acompañen. Simón está muy contento, ¡hoy ha sido un día especial para él!

# Páginas de actividades

**1** Completa el texto con las palabras acecuadas.

> como una ostra   ordenador   árbol
> galería   enfadado   pata   secreto
> cervatillo   sierra   vacaciones   veterinario

Simón está muy _____ porque tiene que dejar su _____ en casa : sus padres quieren pasar sus _____ en un pueblecito de la _____. Simón se aburre _____ pero allí encuetra a Cristina, a Arturo y a otro amigo, el _____ y le enseñan un pasaje _____ en el tronco de un _____. Todos juntos, entran en la _____ pero Simón se pierde y se queda solo. De repente ve un _____ y se acerca a él. Afortunadamente, sus amigos aparecen, pero el cervatillo tiene una herida en una _____. Simón acaricia con suavidad al animal mientras el doctor lo cura. ¡Qué día tan maraviloso!

## 2 Crucigrama

**Mira los dibujos y completa la tabla.**

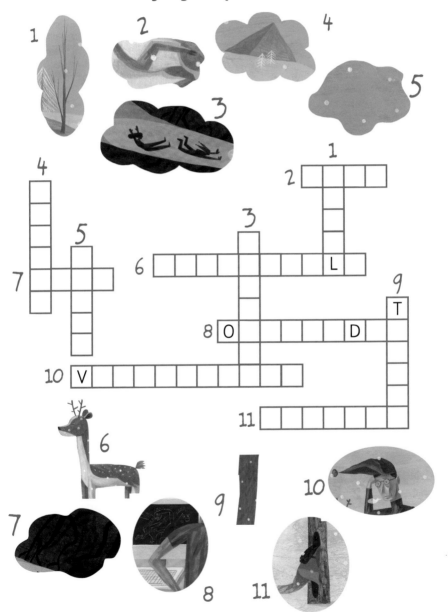

**3** Adivina las emociones con la "cara" justa.

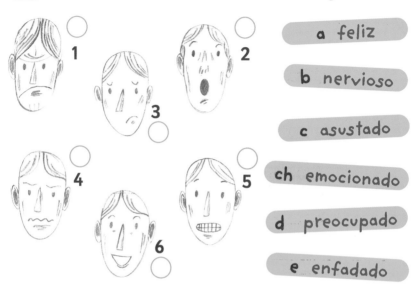

1
2
3
4
5
6

**a** feliz

**b** nervioso

**c** asustado

**ch** emocionado

**d** preocupado

**e** enfadado

**4** Elige la palabra adecuada.

**1** Simón y sus padres saldrán ☐ hoy ☐ mañana para la sierra.

**2** Simón está ☐ siempre ☐ nunca encerrado en su habitación.

**3** ☐ Desde hace ☐ se está mucho tiempo se entrena con su vídeo juego.

**4** Cristina llama ☐ enseguida ☐ después a Simón.

**5** Simón espera a sus amigos en la salida del túnel ☐ para ☐ durante unos minutos.

**6** Él oye ☐ enseguida ☐ de repente un ruido; ¡es un cervatillo!

**5** **¿Qué tiempo hace?**
**Completa las frases de forma correcta.**

| |
|---|
| hace sol    hace viento    hay niebla |
| hace calor    llueve    hace frío |

**1** Yo saco mi paraguas cuando _____.

**2** Fuera, en la calle, hace 6° bajo cero:

_____.

**3** Mi sombrero se vuela: _____ .

**4** Al final de túnel se ve luz: _____

**5** Cuando _____ yo voy a la playa.

**6** No veo el tejado del hotel: _____.

**6** **Utiliza el código secreto para descubrir el nombre de unas famosas montañas españolas, frontera natural con Francia.**

E = ⚒
I = 🐝
L = ✏
N = 🌼
O = 🪮
P = 🥄
R = ✂
S = ☀

_ _ _ _ _ _ _ _

**7** **Lee y dibuja**

Simón tiene un nuevo vídeo juego. Para batir el récord, debe capturar copos de nieve pero un cervatillo llega y se los va comiendo.

**8** **¿ Te ha gustado este cuento? ¡Dímelo con tu cara! ¡Dibuja tu expresión!**

😁 ¡Me encanta este cuento!

😊 ¡Me gusta mucho este cuento!

🙂 ¡Me gusta este cuento!

😐 ¡No me gusta este cuento!